LA CONSIGNE
EST DE RONFLER

COMÉDIE EN UN ACTE

MÊLÉE DE COUPLETS

PAR

E. GRANGÉ & L. THIBOUST

PARIS

MICHEL LÉVY FRÈRES LIBRAIRES ÉDITEURS

RUE VIVIENNE, 2 BIS, ET BOULEVARD DES ITALIENS, 15

A LA LIBRAIRIE NOUVELLE

—

MDCCCLXVI

LA

CONSIGNE EST DE RONFLER

COMÉDIE-VAUDEVILLE

Représentée pour la première fois à Paris, sur le théâtre du PALAIS-ROYAL
le 1er février 1866

IMPRIMERIE L. TOINON ET Cᵉ, A SAINT-GERMAIN.

LA
CONSIGNE
EST DE RONFLER

COMÉDIE-VAUDEVILLE EN UN ACTE

PAR

EUGÈNE GRANGÉ et LAMBERT-THIBOUST

PARIS

MICHEL LÉVY FRÈRES, LIBRAIRES ÉDITEURS

RUE VIVIENNE, 2 BIS, ET BOULEVARD DES ITALIENS, 15

A LA LIBRAIRIE NOUVELLE

—

1866

PERSONNAGES

LANDREMOL, soldat, 25 ans * . . . . . MM. Brasseur.

TAVERNIER, capitaine d'infanterie, 35 ans   Luguet.

IRMA TAVERNIER. . . . . Mlles Hortense Neveux.

CHARLOTTE, femme de chambre. . .   Bédard.

A Paris, quartier de la Pépinière.

* Nota : Ce rôle doit être joué avec l'accent alsacien.

Toutes les indications sont prises de la gauche du spectateur. — Les changements de position sont indiqués par des renvois — Pour la mise en scène, s'adresser à M. Guérin, régisseur; pour la musique à M V. Robillard, chef d'orchestre tous deux au théâtre.

L A

CONSIGNE EST DE RONFLER

Une chambre à coucher. — Au fond, un lit avec rideaux. Dans le pan coupé de droite, la porte d'entrée. — Dans celui de gauche, une fenêtre donnant sur la cour. — A gauche, deuxième plan, la porte de la chambre d'Irma. — A droite deuxième plan, une autre porte conduisant à la cuisine. — Entre le lit et la fenêtre, la porte d'un cabinet de toilette. — Au premier plan à droite, la cheminée. — A gauche, premier plan, un chiffonnier sur lequel est un buste de Socrate. — Il est onze heures du soir ; la chambre est éclairée par une lampe placée sur la cheminée, premier plan à droite.

SCÈNE PREMIÈRE

TAVERNIER, seul, entrant mystérieusement par la droite, deuxième plan ; il est en uniforme de petite tenue.

Seul !.. (Il va écouter à la porte de gauche.) Ma femme fait du crochet dans sa chambre... Lisons !... (Il lit) « Mon gros canard, voilà dix ans que je ne t'ai vu... » (S'interrompant.) C'est pardieu vrai !... Je sortais de Saint-Cyr... Chère Florentine !... le démon le plus enivrant... une taille !... des yeux... tout autour de la tête !... et des cheveux blonds qui frisotaient tout seuls !... Ma femme est brune... elle est jolie... mais enfin elle a les cheveux noirs !... (Il continue sa lecture.) « Voilà dix ans que je ne t'ai vu... j'ai une envie bête de te sauter au cou... c'est aujourd'hui samedi, il y a bal à l'Opéra. Je serai à une heure sous l'horloge, en domino... Tu me paieras le perdreau des souvenirs. Ta loloche, Florentine. » Du bruit !... vite... fourrons ces pattes de mouche dans ma cachette habituelle! (Il glisse la lettre sous le buste.) Voilà à quoi me sert Socrate... (S'adressant au buste.) Pardonne-moi, mon vieux !... Je suis marié... comme toi ; ma femme est jalouse... comme la tienne... Tu connaissais, toi aussi, les embêtements du ménage !... Entre confrères, on peut bien se rendre un léger service, n'est-ce pas ?... tu veux bien ? oui ? merci, mon vieux ! (Il

1

embrasse le buste. Allant entr'ouvrir doucement la porte de la chambre d'Irma.) Fausse alerte!... Elle travaille toujours... Positivement elle a les cheveux trop noirs!... Comment faire pour aller à l'Opéra?... Vous me direz : « c'est bien facile ; ta femme a sa chambre, tu as la tienne, tu es libre. » Eh! bien non... Quelquefois Irma entr'ouvre cette porte, et me dit, de sa petite voix flûtée : « Mon ami dors-tu? » Vous me direz : « tu dors.... ou tu fais semblant de dormir, et elle s'en va. » Je sais bien, mais...la tromper !... Satanée Florentine, va!... mes premières amours! Irai-je? n'irai-je pas? oh! ma foi, le sort en décidera. (Il tire de la monnaie et la secoue dans ses deux mains.) Si c'est pair, j'y vais; si c'est impair, je reste... (Il remet l'argent dans sa poche sans avoir compté.) C'est pair, j'en étais sûr!... Voyons, un moyen... Ah!!... si je me brouillais avec Irma... une bonne querelle d'Allemand... ou une mauvaise !... C'est ça!... (Criant très-fort.) C'est insupportable!... ma parole d'honneur, j'irai loger en garni!... on n'a pas idée de ça!...

SCÈNE II

TAVERNIER, IRMA, puis CHARLOTTE.

IRMA, entrant *.

Qu'as-tu donc, mon ami?

TAVERNIER, très-brusque.

J'ai... Eh! parbleu! j'ai que l'on n'a pas allumé ma veilleuse, que le feu ne va pas! Je rentre, je suis gelé, il n'y a pas de feu! et ma couverture! elle n'est pas faite. Je suis brisé, rompu, et je ne peux pas me coucher! On n'a pas idée d'une maison comme ça!

IRMA.

Ne t'emporte pas, Edmond!... (Appelant et sonnant.) Charlotte !... Charlotte !

CHARLOTTE, entrant par la gauche deuxième plan.

Madame?

IRMA.

Comment! la couverture de monsieur n'est pas faite? La veilleuse n'est pas là? Voyons, dépêchez-vous !

Charlotte sort, rentre peu d'instants après avec une veilleuse qu'elle pose sur la cheminée, puis elle fait la couverture.

TAVERNIER.

Et ce feu ?... est-ce du feu, cela ?

* Irma, Tavernier.

IRMA, se mettant à souffler le feu *.

Tiens!... le voilà qui flambe... mon petit Edmond, ne sois pas méchant! Dis, veux-tu ne pas être méchant? On t'embrassera bien fort.

TAVERNIER, à part.

Faut chercher autre chose!... (Allant à son bureau.) Qu'est-ce qui a rangé mes papiers? Tu as rangé mes papiers...

IRMA.

Moi!... mais non.

TAVERNIER.

Alors, si on range mes affaires, je ne m'y reconnaîtrai plus!... non il est impossible d'être plus mal servi que moi... on veut ma mort!...

IRMA.

Par exemple!

TAVERNIER.

Ah! ma chère, si vous aviez l'œil sur votre maison, les choses iraient mieux! Mais non!... vous vous occupez de chiffons... de toilettes... que sais-je?...

Il remonte la scène.

IRMA, cessant de souffler.

Moi!

CHARLOTTE, à part.

Il paraît que le temps est à l'orage!

TAVERNIER, à Charlotte, brusquement.

Qu'est-ce que tu dis, toi?

CHARLOTTE.

Moi!... Je ne dis rien, monsieur!

TAVERNIER.

Mais quoi!... Il faut plaire... il faut avoir son petit cercle d'adorateurs, sa meute de valseurs, de polkeurs et de jolis cœurs!... Il faut faire des conquêtes... (A part.) Ah! je tiens ma brouille. (Haut.) Celle de M. le baron de Rasemberg, ce petit secrétaire d'ambassade de je ne sais quelle cour d'Allemagne...

IRMA.

Le baron!... ce monsieur qui m'a écrit ces déclarations si ridicules?...

TAVERNIER.

Oui, madame, lui-même!...

* Tavernier, Irma.

IRMA.

Mais je ne le connais pas! je n'ai jamais vu ce jeune homme !...

TAVERNIER.

Alors, madame, comment savez-vous que c'est un jeune homme !... ah!...

IRMA, riant.

Dame !... je suppose... Je te jure que je ne le connais pas... Puis-je empêcher un fat de me trouver... à son gré? de m'écrire?... Je vous ai montré toutes ses lettres, ô mon doux maître!... mon cher seigneur!

Elle veut l'embrasser.

TAVERNIER, se dégageant.

Madame, un homme n'envoie pas à une femme des épîtres incendiaires sans y avoir été autorisé préalablement par un regard, par un sourire. Voilà mon opinion... ah!...

CHARLOTTE.

Madame, la couverture de monsieur est faite.

TAVERNIER.

C'est bien... laissez-nous !

Charlotte sort.

IRMA.

Vous disiez, monsieur?... Répétez, répétez donc !...

TAVERNIER.

Hé! madame...

IRMA.

Alors, je suis une coquette, n'est-ce pas?... c'est cela que vous voulez dire ?...

TAVERNIER.

Oui, madame, une coquette!... une benoîtonne!... Ah!!!

IRMA, furieuse

Une benoîtonne?... moi!...

TAVERNIER.

Oui, madame, vous !...

IRMA.

Oh !... c'est une indignité !... je me révolte à la fin!... je rentre chez moi, monsieur, je m'y enferme... et je vous défends de me suivre. Entendez-vous ?

Elle remonte à sa chambre.

TAVERNIER.

Parfaitement, madame...

IRMA.

Je vous le défends!

ENSEMBLE.

AIR *de quadrille.*

IRMA.	**TAVERNIER.**
C'est assez m'insulter!	C'est assez m'insulter !
Quoi! me traiter	Se voir traiter
De cette manière !	De cette manière !
La colère	La colère
M'exaspère;	M'exaspère ;
Entre nous aujourd'hui	Entre nous aujourd'hui
C'est fini !	C'est fini !

Irma rentre chez elle, à gauche.

SCÈNE III

TAVERNIER, seul

Enlevé!... ça y est! (On entend tirer le verrou en dehors.) Le verrou ! Bah!... nous nous raccommoderons demain... Voyons, où est mon habit noir?... ah! le voilà!... Ma cravate blanche?... Elle est gentille, ma femme, quand elle est en colère. Franchement, les hommes sont bien canailles... mais bah!... Qu'est-ce que j'ai donc fait de mon gilet?... (On frappe à la porte du fond.) Entrez!... c'est vrai, avec sa manie de ranger!... (On frappe de nouveau.) Entrez!...

SCÈNE IV

TAVERNIER, LANDREMOL.

LANDREMOL, sur le seuil *.

Mon capitaine...

TAVERNIER, tout en s'habillant.

Qui est là ?

LANDREMOL, accent alsacien.

C'est moi, mon supérieur...

TAVERNIER.

Ah! c'est toi, Landremol?... avance à l'ordre ! Qu'est-ce que tu veux?

LANDREMOL.

Personnellement, moi, je veux rien... Je viens de la part du fourrier...

* Tavernier, Landremol.

TAVERNIER, passant dans le cabinet de toilette.

C'est bon!... Attends un peu, je m'habille...

LANDREMOL.

Oui, mon supérieur... J'attendrai tout le temps que vous voudrez... (A lui-même en soufflant dans ses doigts.) Brrr!... crelotte!... il fait frisquet dehors... ça pince tout de même... v'là deux heures que je cherche le capitaine... qu'on m'avait dit qu'il était au café... J' vas... au café, pas de capitaine!... bon! que j' dis, c'est peut-être qu'il est ailleurs... je vais ailleurs, je le trouve pas... je m'en retourne au quartier... on me dit qu'il est à fumer sa cigare sur la place de la Concorde... autour de l'Obélisque... je m'en s-y vas... mais qu'au lieu de mon capitaine, je n'attrape que l'onglée... j' crois que les camarades s'a fiché de moi... si j' savais ça, cristi!... c'est que je ne veux pas qu'on se fiche de moi... non!...

TAVERNIER, reparaissant en pantalon noir, bottes vernies.

Ah çà! voyons, maintenant, explique-toi.

LANDREMOL, s'approchant vivement.

Voilà, mon supérieur!

TAVERNIER.

Qu'est-ce qui t'amène?

LANDREMOL.

Mon capitaine, c'est le fourrier qui m'a chargé de vous remettre ces papiers de sa part.

TAVERNIER, les prenant.

Ah! oui, le relevé des comptes du trimestre... Pourquoi n'est-il pas venu lui-même?

LANDREMOL.

Il n' pouvait pas, mon supérieur, vu qu'il s'a donné une entorse.

TAVERNIER,

Une entorse?...

LANDREMOL.

Oui, mon supérieur... que son pied est bien enflé tout d' même... il est grosse comme un potiron.

TAVERNIER.

Et tu viens à cette heure-ci?... à près de minuit?...

LANDREMOL.

Faites excuse, mon capitaine, c'est que je vous ai cherché... au café... place de la Concorde...

* Landremol, Tavernier.

TAVERNIER, l'interrompant.

Allons, c'est bien!... Il n'y a rien de nouveau au quartier ?

LANDREMOL.

Y a rien de nouveau, mon supérieur.

TAVERNIER.

Personne n'a manqué à l'appel ?

LANDREMOL.

Personne... ah!... seulement, il y a Berluron...

TAVERNIER, qui s'occupe de sa toilette.

Berluron !... Eh bien... Qu'est-ce qu'il a fait?...

LANDREMOL.

Berluron... il s'a brindezingué...

TAVERNIER.

Brindezingué!...

LANDREMOL.

Il était pochard, Berluron... il ne pouvait pas se tenir sur
ses jambes... Le lieutenant Dugosquet lui a dit: « Tu t'es
brindezingué... Non, qu'il disait... Tu feras huit jours dans
la salle de police... Non, qu'il disait... Il voulait pas... on l'a
mis tout de même dans la salle de police... Moi, je me grise
pas... je peux pas boire ! quand je bois, ça fait mal... je
peux pas boire.

TAVERNIER, mettant sa cravate devant la cheminée.

Eh bien, ne bois pas.

LANDREMOL.

Je bois pas... mais je mange!...

TAVERNIER, riant.

Tête carrée, va!...

LANDREMOL.

Oui, mon supérieur.

TAVERNIER.

Tu n'as pas de choucroûte à la cantine ?

LANDREMOL.

On sait pas le faire! mais je le mangerai bientôt, le choucroûte, dans mon village.

TAVERNIER, s'habillant.

Comment ça ?

LANDREMOL.

J'ai mon congé illimité... dans quinze jours, je retourne
chez mes parents... dans mon village...

TAVERNIER.

Ah bah!

LANDREMOL.

Geisbach près Phalsbourg... Vous connaissez pas, mon capitaine ?

TAVERNIER.

Non...

LANDREMOL.

C'est joli. Je reprendrai mon état... un bel état... Je suis en rapport avec le maire, avec la femme du maire, avec tous les gens distingués de l'endroit.

TAVERNIER.

Qu'est-ce que tu es donc ?

LANDREMOL.

Cordonnier !

TAVERNIER, lui tirant l'oreille.

Ah! mon gaillard, tu as quelque amoureuse par là-bas, hein ?

LANDREMOL.

Des amoureuses ! non, mon supérieur... J'ai pas d'amoureuses... On peut pas vivre tranquille avec les femmes.

TAVERNIER, finissant sa toilette.

Allons donc, Tartuffe ! tu n'as pas eu quelqu' aventure... hé ?...

LANDREMOL.

Jamais !

TAVERNIER, passant à gauche.

Cherche bien !

Il roule une cigarette.

LANDREMOL.

Ah ! si... une fois... avec la grande Gretly... Elle disait toujours : « Landremol, mon petit Landremol, tu es gentil. » Moi, je répondais pas. Pour lors, elle me donne rendez-vous à la fontaine, je vais au rendez-vous, je lui dis : quoi que c'est?... « Mon petit Landremol, qu'elle me dit, tu es bien gentil... » Et voilà qu'elle veut m'embrasser... je me défends, je lui donne un grand coup de poing sur la tête... Elle m'en rend un... je tape, elle tape, je pioche, elle pioche, et voilà que nous tombons tous les deux dans la fontaine... c'était à crever de rire !... c'est égal avec les femmes, on peut pas vivre tranquille!...

TAVERNIER, riant.

Tu as bien raison. (Allant écouter à la porte de sa femme.) Il me semble qu'elle pleure... Sapristi!... si par hasard, elle allait s'apercevoir de ma petite fugue... si elle se doutait de quel-

que chose? si elle entre, sur la pointe de son petit pied, son
bougeoir à la main : « Dors-tu, mon ami?... » Et si elle voit
cette couche inhabitée?...

LANDREMOL.

Vous n'avez rien à me commander, mon capitaine?

TAVERNIER.

Non. (A part.) Si j'habillais mon traversin... coiffé de mon
foulard... non, mauvais moyen... usé jusqu'à la corde... que
faire?

LANDREMOL.

Alors je peux m'en aller, mon supérieur?

TAVERNIER.

Oui... fiche-moi le camp !...

LANDREMOL.

Je m'en vas, mon supérieur!

Fausse sortie.

TAVERNIER, comme illuminé.

Ah!... quelle idée!... Pourquoi pas ?... (Appelant.) Landremol?

LANDREMOL, revenant vivement.

Me voilà, mon supérieur!

TAVERNIER, riant.

A-t-il l'air bête, ce brigand-là !

LANDREMOL, souriant.

Oui, mon supérieur.

TAVERNIER, à part.

Il en convient. (Haut.) Landremol, sais-tu ronfler ?

LANDREMOL, qui ne comprend pas.

Mon supérieur?

TAVERNIER.

Sais-tu ronfler ?

LANDREMOL.

Si je ronfle?

TAVERNIER.

Oui,

LANDREMOL.

Ah! je sais pas... y a Berluron, par exemple!... (Riant.)
C'est comme une grosse mouche! (Il imite Berluron.) Brrrr!
Brrrr!...

TAVERNIER.

Eh bien, essaie, toi!...

1.

LANDREMOL.

Oh ! devant mon supérieur !...

TAVERNIER.

Ronfle, ou je te flanque à la salle de police... (Landremol se met à ronfler bruyamment.) Bravo !... je suis sauvé !... Va te coucher !

LANDREMOL.

Oui, mon capitaine.

Fausse sortie.

TAVERNIER.

Où vas-tu ?

LANDREMOL.

Mon supérieur me dit : « va te coucher. »

TAVERNIER.

Mais non ! reste !

LANDREMOL.

Mais mon capitaine me dit : « Va te coucher. »

TAVERNIER.

Eh bien, oui... là !

LANDREMOL, ahuri.

Dans le lit de mon capitaine, moi, un simple fusilier !! Oh !

TAVERNIER.

Ou je te flanque à la salle de police.

LANDREMOL.

Mais je ne peux pas coucher avec mon capitaine, moi, un simple fusilier !

TAVERNIER.

Imbécile, je vais au conseil de guerre !

LANDREMOL.

Au conseil de guerre !... à minuit !...

TAVERNIER.

Mais non... à une heure du matin... sous l'horloge... en domino !

LANDREMOL, complétement abruti.

En domino, sous l'horloge ?

TAVERNIER, à part.

Ah ! où ai-je la tête ?... Ma femme, Florentine, l'Opéra, tout cela me rend aussi idiot que cet imbécile !... (Haut.) Tiens !... mets ce foulard sur ta tête... et dépêche-toi de te coucher !

LANDREMOL.

Oh! par exemple, je veux pas me déshabiller devant mon
supérieur... je le peux pas! je le peux pas!...

TAVERNIER.

Eh bien! passe derrière les rideaux? (Il le pousse, Landremol
passe derrière le lit; Tavernier ferme les rideaux, puis revient en scène ;
à lui-même.) Où sont mes gants? (Il les prend.) Mon chapeau?...
(Se regardant.) Allons, mon bon Tavernier, tu n'es pas encore
trop dégommé. Je crois que Florentine sera contente! Vive
le plaisir !

AIR : *Entrée de Marco.* (Biche au bois)

> Ah! vivent les Florentine,
> Les Aglaé les Clara,
> Les Titine,
> Les Fifine,
> Les Julie... et cœtera!
> On peut pour ce joyeux monde,
> Sans passer pour immoral,
> Renverser une seconde
> Le pot-au-feu conjugal.
> Ah !
> Près d'une ancienne maîtresse
> On retrouve la gaîté,
> On retrouve cette ivresse
> Qui s'appelle la jeunesse
> Et la liberté !

Mettant ses gants.

Allons, bon! le pouce ne veut pas glisser... Là... ça y
est!... Ah! fichtre!... et de l'argent?... (Il en prend dans le
chiffonnier.) C'est que Florentine est une de nos jolies four-
chettes... (Allant au lit.) Eh bien! es-tu couché, toi, imbécile?

LANDREMOL, qu'on ne voit pas.

Oui, mon capitaine.

Tavernier ouvre les rideaux, on aperçoit Landremol couché sur son séant
et majestueusement coiffé du foulard ; Tavernier éclate de rire.

TAVERNIER.

Écoute-moi bien. Tu tourneras le dos... (Landremol tourne
le dos.) Pas encore!... Fixe!... Si tu entends entr'ouvrir
cette porte, ronfle!... Si la domestique vient ranger ou
mettre du bois dans la cheminée, ronfle!... Et pas un mot,
pas une syllabe!... Tu m'as compris ?

LANDREMOL.

Oui, mon capitaine.

TAVERNIER.

Oh! le pantalon garance... et la tunique... si Charlotte les voyait!...

Il prend les habits de Landremol et les jette dans le cabinet de toilette, dont il ferme la porte et retire la clé.

LANDREMOL.

Mon capitaine me prend mes effets ?

TAVERNIER, à lui-même.

Comme ça, me voilà tranquille!... (*Il va à la cheminée et éteint la lampe. — Haut.*) Je serai rentré à cinq heures du matin. Tu as bien compris la consigne? « Ne pas bouger et ronfler!... » ou quinze jours de salle de police!

LANDREMOL.

Oh!...

TAVERNIER.

AIR : *de Strauss.*

Tu m'entends bien?

LANDREMOL.

Je comprends bien!

TAVERNIER.

N'oublions rien!

LANDREMOL

J'oublierai rien!

TAVERNIER.

Ronfle surtout,
Ronfle beaucoup!

LANDREMOL.

Je ronflerai
Tant que j' pourrai!

Tavernier sort par le fond, on l'entend donner un tour de clé à la porte ; le théâtre n'est plus éclairé que par la veilleuse. — Demi-nuit.

SCÈNE V

LANDREMOL, couché, puis **CHARLOTTE.**

LANDREMOL, seul.

Il me renferme!... Oh! c'est égal, ça a de bons lits, les capitaines... il y a des *lastiques*... Mais je comprends pas comment que c'est le conseil de guerre, il se réunit sous une horloge pour jouer aux dominos... Ça, je comprends pas... Tiens!... du bruit... on dirait une crinoline... Vite! d'mi-tour à gauche!...

Il tourne le dos et s'enveloppe dans les couvertures.

CHARLOTTE, entrant par la droite.

Monsieur!... monsieur!... c'est votre limonade que je vous apporte pour demain matin. (Elle dépose la bouteille et un verre sur la table de nuit.) Voilà un couteau pour couper la ficelle... Monsieur n'a rien à m'ordonner?

LANDREMOL, ronflant très-fort.

Brrrr! rrrrrr !

CHARLOTTE, à part.

Quel creux!... si c'est pas des bêtises, de se droguer avec une santé comme ça! prendre de la limonade Rogé!... ces militaires, c'est-y femmelette!

LANDREMOL.

Brrr!... rrrr!

CHARLOTTE, riant.

J'espère, qu'il s'en donne ! Bonsoir!

Elle sort.

LANDREMOL, seul, sur son séant.

De la limonade!... crelotte!... c'est gourmand, les supérieurs!... Pourquoi que je boirais pas un verre? je peux bien boire un verre! (Il sort une jambe, puis l'autre, et met la couverture autour de ses jambes. puis cherchant sur la table.) Un couteau ; pour couper la ficelle... (Il débouche la bouteille et se verse.) A vote santé, mon supérieur! (Il boit.) Oh! que c'est bon !... En voilà des petites chatteries!... ça vous chatouille l'estomac... Pourquoi que je prendrais pas encore un verre?... je peux bien prendre encore un verre... (Il verse un second verre qu'il avale.) Ça me rafraîchira!... (Bruit de verrou.) Oh! c'est la bonne qui revient! n'oublions pas la consigne! Vite, d'mitour à gauche!

Il tourne le dos ; la porte de droite, deuxième plan, s'ouvre mystérieusement, Irma paraît ; elle est en élégant déshabillé de nuit et tient un bougeoir à la main. — Jour.

SCÈNE VI

LANDREMOL, couché, IRMA.

IRMA, d'une voix douce.

Mon ami, dors-tu ?

LANDREMOL.

Brrr ! rrrrr !

IRMA, à elle-même.

Il dort! (Elle pose le bougeoir sur la table.) Pauvre Edmond !

j'aurais tort de lui garder rancune... Il est jaloux de ce baron... ne suis-je pas un peu jalouse aussi, moi? (Haut.) Edmond, tu m'en veux toujours?

LANDREMOL.

Brrr! rrrrr!

IRMA.

Voyons, monsieur, ne faites pas semblant de dormir... C'est moi, c'est votre petite femme qui vient faire la paix...

LANDREMOL.

Brrr! rrrrr!

IRMA, avec impatience.

Oh! mais tu ne dors pas! (Prenant le bougeoir.) C'est impossible! (Criant.) Edmond!... Edmond!...

LANDREMOL.

Brrr! rrrrr!

IRMA.

Mon petit Edmond!... (Elle s'approche, Landremol se pelotonne et fourre son nez dans les oreillers. Ah! tu ne dors pas... Réponds-moi... ou je mets le feu aux rideaux.

LANDREMOL, se redressant effrayé.

Crelotte! Faites pas ça!... ne mettez pas le feu!!

IRMA, poussant un cri.

Ah! au secours!... qui êtes-vous?

LANDREMOL, la regardant en ronflant.

Brrrrr!...

IRMA.

Un somnambule!

LANDREMOL.

Je suis pas somnambule.

IRMA.

Un voleur!

LANDREMOL, gesticulant.

Je suis pas un voleur!

IRMA.

Mais qui êtes-vous? parlez... parlez donc, monsieur!...

LANDREMOL.

Je peux pas dire! je peux pas dire!...

IRMA.

Ah! mon Dieu!... c'est un fou. Levez-vous, monsieur! levez-vous à l'instant!

LANDREMOL.

Mais j'ai pas mes habits!

Irma lui jette un habit qu'elle aperçoit sur une chaise près de la cheminée.

IRMA.

Tenez, monsieur, tenez!... et faites vite! (Elle passe à gauche).

LANDREMOL, pleurant presque.

J'ai ronflé!... je suis pas coupable!...

Les rideaux se referment.

IRMA, très-agitée.

Quel est cet homme? Comment est-il dans cette chambre?... dans le lit de mon mari?... Et Edmond qui n'est pas là!... Oh! je crierai! et l'on m'entendra!... (Appelant.) Charlotte! (Elle sonne à tour de bras.) Charlotte!... (Voyant entrer Charlotte.) Mais arrivez donc, vous!...

SCÈNE VII

Les Mêmes, CHARLOTTE *.

CHARLOTTE, accourant par la droite.

Me voici, madame.

IRMA.

Où étiez-vous donc? Pourquoi ne répondiez-vous pas?

CHARLOTTE.

Pardon... j'étais chez le concierge qui m'avait appelée... il avait une lettre pour madame.

IRMA.

Une lettre pour moi!

Elle la prend.

CHARLOTTE.

Il paraît que c'est très-pressé...

IRMA, qui a ouvert vivement la lettre, et à part.

Du baron!... (Frappée d'un soupçon.) Ah! mon Dieu!... quel soupçon! (A Charlotte qui fait un mouvement pour sortir.) Restez!... (Lisant bas.) « Votre cruauté me poussera à quelqu'imprudence. En l'absence de votre mari, je trouverai le moyen de pénétrer jusqu'à vous... » (A part.) Plus de doute, c'est lui! quelle audace!... (Haut.) Charlotte, restez dans ma chambre... ne vous éloignez pas, entendez-vous?... et si je sonne, accourez vite!...

* Irma, Charlotte.

CHARLOTTE.

Oui, madame... (A part.) Qu'est-ce qu'il y a donc ?

IRMA.

Allez!...

Charlotte sort par la gauche.

SCÈNE VIII

LANDREMOL, IRMA.

IRMA, à part, très-émue.

Oser pénétrer ici ! Ah ! nous allons voir !...

LANDREMOL, en habit noir, caleçon, et foulard sur la tête, sortant de derrière les rideaux, et à part.

Cristi !... Le capitaine qui m'avait dit de ne pas broncher !

IRMA, allant à lui et avec dignité.

Baron ! vous êtes un lâche !

LANDREMOL, ahuri.

Hein ?... baron !... un lâche !

IRMA.

Oh! je devine votre projet.

LANDREMOL.

Mon brochet ?

IRMA.

Vous espériez me faire tomber dans un piége infâme !...

LANDREMOL, d'un air hébété.

S'i vous plaît ?

IRMA.

Vous vouliez faire de moi votre victime, comme de cette pauvre duchesse d'Adjuda-Pinto !

LANDREMOL.

L'adjudant Pinto ?... (A part.) Je connais pas ça dans le régiment.

IRMA.

Ah ! votre conduite est indigne d'un gentilhomme ! Vous déshonorez la Confédération germanique !

LANDREMOL, à part.

Parole sacrée, je comprends rien du tout !

IRMA, d'un ton plus calme.

Vous feriez mieux d'accepter le mariage qu'on vous pro-pose...

* Landremol, Irma.

LANDREMOL.

Un mariage ?...

IRMA.

D'épouser mademoiselle de Chateautrogron.

LANDREMOL.

Chateautrognon?... Mais je connais pas cette jeunesse !

IRMA, avec hauteur.

Assez, monsieur !... pas de subterfuges !

LANDREMOL, à part.

Bien sûr qu'elle confusionne... Et mon supérieur qui m'a défendu de souffler mot !

IRMA.

Retirez-vous ! Sortez !

LANDREMOL.

Mais...

IRMA.

Sortez !... je vous l'ordonne !

LANDREMOL, à part.

Cristi !.., et la consigne ?...

Il se dirige vers la porte, à droite.

IRMA, à part.

Conçoit-on une pareille impudence !... (A Landremol.) Eh bien ?...

LANDREMOL.

Sortir !... Mais par où ?... la porte est fermée.

IRMA.

Fermée ?...

LANDREMOL.

A double tour !... voyez !

IRMA.

Eh bien !... par cette fenêtre. (Elle va l'ouvrir.)

LANDREMOL.

Bigre !... je vas me casser quéqu' chose.

IRMA.

Un étage seulement... qu'est-ce que cela pour vous?... (Avec ironie.) Un séducteur, un Lovelace !...

LANDREMOL, abruti.

Lovelace !...

IRMA.

Partez, monsieur !... partez à l'instant ! ou j'appelle...

LANDREMOL, effrayé.

Non !... non !... n'appelez pas !... (Allant à la fenêtre.) Je m'en vas.

IRMA.

C'est heureux !

LANDREMOL, à part, à la fenêtre.

Je vas me rompre le cou.

IRMA.

Vite ! vite ! Dépêchez-vous !

LANDREMOL.

Voilà !... (Enjambant le balcon, et à part.) Ah ! je vas-t-y en manger de la salle de police !...

Il se laisse glisser et disparaît.

IRMA, seule.

Enfin ! il est parti !... je respire !... (On entend au dehors les aboiements d'un chien et les cris de Landremol.) Ah ! mon Dieu ! ces aboiements... il a réveillé le chien du concierge... (Voyant reparaître Landremol.) Encore vous !...

LANDREMOL, reparaissant tout effaré *.

Satané bouledogue, va !... C'est qu'il a entamé le pantalon et la doublure avec...

LA VOIX DU CONCIERGE, en dehors.

Ah çà ! il y a un homme, là-haut !...

IRMA.

Ciel !... le portier l'a vu... je suis compromise... Ah ! baron, vous m'avez perdue !...

LANDREMOL, abruti.

Je vous ai perdue !... moi ?... comment ça ?...

IRMA, avec force.

Monsieur !... monsieur !... vous ne pouvez rester ici !... Allez-vous-en !

LANDREMOL.

Pour me faire dévorer par cette bête sauvage ? Merci ! bien obligé !... Ma foi, j'aime mieux vous dire la vérité !

IRMA, suppliante.

Baron !...

LANDREMOL.

Eh ! j' suis pas baron !

IRMA, très-surprise.

Comment ?

* Landremol, Irma.

LANDREMOL.

Je suis Landremol, fusilier à la 3ᵉ compagnie...

IRMA.

Un soldat ?

LANDREMOL, faisant le salut militaire.

Simple soldat, oui, ma commandante. Je vas vous conter
la chose. C'est mon capitaine qui m'a mis de planton. Il m'a
dit comme ça : « Tu vas coucher ici, à ma place. Et si on
vient, tu bougeras pas, tu ronfleras. La consigne est de
ronfler... »

IRMA.

Mais lui, mon mari ?

LANDREMOL.

Le capitaine ? Il est parti pour aller au conseil de guerre...
même qu'il a dit que le conseil l'attendait pour jouer aux
dominos... sous l'horloge.

IRMA, à part, frappée d'un soupçon.

Sous l'horloge !... ah! la cachette !...

Elle court au buste qu'elle soulève.

LANDREMOL, continuant sans rien voir.

Moi, ça m'a paru drôle... (Riant.) Vu que les dominos... ça
n'est pas d'ordonnance.

IRMA, qui a trouvé et ouvert la lettre, lisant.

« Mon gros canard, voilà dix ans que je ne t'ai vu... Ta
loloche... Florentine !... » Ah !

LANDREMOL, ahuri.

Il a une Loloche !

IRMA, à elle-même, agitée.

Un rendez-vous !... au bal de l'Opéra !

LANDREMOL, à part.

Qu'est-ce qu'elle a donc, la commandante ?

IRMA, à part.

Oui, oui... je comprends !... cette querelle, c'était pour
m'éloigner... pour aller retrouver mademoiselle Florentine...
sa maîtresse, sans doute... Ah! l'émotion... la colère... (Elle
se laisse tomber sur une chaise.) Ah ! ah!

LANDREMOL.

Ah! saprelotte !... elle se pamoisonne! me v'là gentil!...
Ah! la limonade !... (Il court à la limonade, remplit un verre
qu'il offre à Irma.) Buvez, ma commandante... buvez!... (Irma
repousse le verre.) Vous ne voulez pas? Pourquoi que je ne
boirais pas encore un verre? (Il boit le verre.) Ma commandante, vous êtes malade! Revenez à toi!...

IRMA, revenue à elle.

Ce n'est rien... un léger étourdissement...

LANDREMOL.

Faut aller vous coucher... ça se passera.

IRMA.

Non... je n'ai pas sommeil... j'ai la fièvre... Parlez'... dites-moi quelque chose.

LANDREMOL.

Vous voulez que je parle ?

IRMA, très-nerveuse et marchant *.

Oui, ça me distraira... causons!...

LANDREMOL, très-embarrassé.

Causer!... je veux bien!... mais de quoi ?

IRMA.

De tout ce que vous voudrez! Qu'y a-t-il de nouveau à la caserne? mais parlez donc!

LANDREMOL.

A la caserne?... rien, ma commandante. Ah! si!... y a Berluron...

IRMA, distraite.

C'est ça, parlons de Berluron!...

LANDREMOL.

Berluron, il s'a brindezingué !

IRMA, sans l'écouter et marchant avec agitation.

Oh! ces hommes!... ces maris !...

LANDREMOL.

Vous dites, ma commandante ?

IRMA.

Rien... continuez...

LANDREMOL.

Que je continue ?

IRMA.

Oui... parlez-moi!

LANDREMOL.

Mais je n'ai rien à dire.

IRMA, dont l'exaltation va croissant.

Eh bien, chantez!

LANDREMOL.

Moi! que je chante?...

IRMA, sans l'écouter.

A l'Opéra!... avec une Florentine !

* Irma, Landremol.

LANDREMOL, à part.

Mais elle est toquée! ma supérieure!... Elle a un z'hanneton dans le plafond, comme on dit.

IRMA, avec colère.

Eh bien!... chanterez-vous!...

LANDREMOL, de plus en plus ahuri.

Voilà ma commandante... je veux bien chanter... *La valse du bel alsacien!...* Je veux bien chanter !

AIR *nouveau de M. Victor Robillard.*

PREMIER COUPLET

Pardon, excus', mamzell' Françoise,
Je voudrais bien êtr' vot' danseur.
Daignerez-vous, bell' villageoise,
M'obtempérer cette faveur?...

(Parlé, en valsant pendant que l'orchestre continue.)

Vous consentez? Bravo! j'suis bien content... La valse, c'est ma fureur... avec vous, mam'zelle Françoise, je valserais toute une semaine, sans boire ni manger... Ça suffirait à ma nourriture... vous êtes fatiguée? — Naïn! — Encore un petit tour? — Ia !...

REPRISE DU CHANT.

Pour subjuguer deux cœurs constants
C'est l'affair' d'un' valse à deux temps!
Tra la ou ou, tra la ou ou la!...

IRMA, qui est allée regarder à la fenêtre.

Me tromper!... c'est indigne!... oh! je me vengerai!

LANDREMOL.

DEUXIÈME COUPLET.

Vous ête's Lorraine, et je suis d'Alsace,
Comme qui dirait, nous somm's pays :
Souffrez, mamzell' que j' vous embrasse,
Un p'tit bécot... c'est bien permis !..,

(Parlé, toujours en valsant sur la musique.)

O mam'zelle Françoise! (Voix de femme.) —Mais vous serrez trop fort!... — (Voix naturelle.) C'est que je vous idole... vous êtes fatiguée? — Naïn! — Encore un petit tour! — Ia !...

REPRISE DU CHANT

Pour subjuguer deux cœurs constants,
C'est l'affair' d'un' valse à deux temps !
Tra la ou ou, tra la ou ou la!...

LANDREMOL, portant la main à son estomac, et à part, en cessant de valser.

C'est drôle!... je sais pas si c'est la limonade... mais je suis pas à mon aise... je suis l'indisposé!...

IRMA.

Eh bien!... vous vous arrêtez!... chantez donc !...

LANDREMOL.

Voilà!..

TROISIÈME COUPLET.

Avant d'entrer dans mon village...,

S'interrompant tout à coup et poussant un grand cri.

Oh!...

IRMA.

Quoi?

LANDREMOL.

Rien, ma commandante, je...

Reprenant.

Avant d' rentrer dans mon...

S'interrompant de nouveau

Ah! cristi!... ah! mein gott!...

Il s'élance et disparaît comme un fou par la porte de droite, deuxième plan.

IRMA.

Eh bien!... il se sauve!... (On entend mettre la clef dans la serrure de la porte du fond.) Mon mari!... rentrons vite!...

Elle prend le bougeoir et rentre chez elle. Demi-nuit.

SCÈNE IX

TAVERNIER, seul, entrant avec précaution et s'approchant du public.

Quelle veste! (Il ôte son pardessus.) Si j'avais su ce qui m'attendait là-bas, du diable si je me serais dérangé... Elle s'est démasquée... Désillusion complète! le teint couperosé, et un commencement de patte d'oie... Oh! ces blondes! un déjeuner de soleil... Parlez-moi des brunes!... à la bonne heure!... Et cette taille!... Pauvre Florentine!... si svelte autrefois!... Elle a fait comme Paris, elle a élargi sa ceinture... Ma foi, j'ai prétexté une indisposition et j'ai filé... Quand je pense que c'est pour elle que je voulais... C'est que ma femme est cent fois mieux... Heureusement elle ne se doute pas de mon escapade... Voyons, réveillons cet imbécile qui dort là... rendons-lui ses effets, et dépêchons-nous de le congédier. (En parlant, il a repris l'uniforme dans le cabinet de toilette et s'approche du lit. Entendant ouvrir la porte de droite.) Ciel! Irma!...

Il jette vivement les effets sur le lit, et redescend à droite près de la table, où il prend machinalement des papiers pour se donner une contenance.

SCÈNE X

TAVERNIER, IRMA, puis LANDREMOL.

IRMA, tenant la lampe qu'elle pose sur la table, et à part *.
A nous deux, M. Tavernier!... (Haut.) Eh quoi! mon ami,
déjà sur pied ? à trois heures du matin!...

TAVERNIER, avec embarras, il s'assied.
Oui... oui... je ne pouvais pas fermer l'œil... j'étais tour-
menté, agité... Le souvenir de cette querelle...

IRMA.
Cette querelle... Tu y penses encore?...

TAVERNIER.
Sans doute.

IRMA.
Mais tu sais bien que c'est fini... nous sommes récon-
ciliés.

TAVERNIER, étonné.
Comment?

IRMA.
Pourrais-je t'en vouloir encore?... Tu as été si bon !... si
gentil !...

TAVERNIER, la regardant.
Moi?

IRMA.
Je m'attendais à des reproches... à des bouderies... Car
au fond, j'avais bien quelques torts... Et, au lieu de cela,
c'est l'accueil le plus tendre...

TAVERNIER, troublé.
Hein ?

IRMA.
Le pardon le plus généreux...

TAVERNIER, se levant et passant à gauche, à part.
Ah çà! mais je n'y suis plus du tout!... (Haut.) Voyons,
voyons... c'est une plaisanterie?...

IRMA.
Une plaisanterie !...

TAVERNIER.
De quel accueil parles-tu?

* Irma, Tavernier.

IRMA.

Mais... du tien.

TAVERNIER.

Du mien?... je t'ai pardonné, moi?

IRMA, très-calme.

Tu le regrettes?... méchant!

TAVERNIER.

Pardonné!... mais où?... quand ça?

IRMA, riant.

Ah! ah! ah! que disais-tu donc que tu n'avais pas dormi?... Je vois au contraire, monsieur, que le sommeil vous a ôté la mémoire.

TAVERNIER, très-ému et à part.

La mémoire!... sacrebleu! est-ce que?... Ah! je flageole!

Il tombe sur une chaise, à gauche.

IRMA.

Qu'as-tu donc?

TAVERNIER.

Moi !... je n'ai rien!... je n'ai rien!...

LANDREMOL, très-pâle, rentrant et à part.

Oh! le capitaine!...

Il se glisse derrière le lit sans être aperçu.

TAVERNIER, cherchant à maîtriser son trouble et se levant.

Voyons, ma chère, voyons, expliquons-nous!

IRMA.

Non pas, monsieur! je n'explique rien!... Tant pis pour vous si vous êtes oublieux!

TAVERNIER.

Mais au moins apprends-moi...

IRMA.

Rien, vous dis-je!... (A part, en souriant.) Il enrage!

TAVERNIER, avec colère.

Cependant, madame...

IRMA, regagnant sa chambre.

Je vous laisse, car je vois que vous n'êtes pas encore bien éveillé...

TAVERNIER, la suivant.

Permettez...

IRMA.

Bonne nuit, monsieur!... Dormez bien!...

TAVERNIER.

Mais enfin...

SCÈNE XI

IRMA.

Bonsoir!

Elle rentre chez elle et referme la porte.

SCÈNE XI

TAVERNIER, LANDREMOL.

TAVERNIER.

Irma!... (On entend mettre le verrou.) Ah çà! morbleu!...
serait-il vrai que...? oh! non!... non!... c'est impossible!...
(Courant au lit et tirant les rideaux avec fureur.) Landremol!...

LANDREMOL, se mettant vivement sur son séant.

Mon supérieur!...

TAVERNIER, le saisissant au collet et le tirant hors du lit.

Allons, debout, animal! debout!

LANDREMOL, bousculé, il a remis son uniforme.

Me v'là, mon supérieur!...

TAVERNIER.

Que s'est-il passé en mon absence?

LANDREMOL, parlant allemand.

Herr capitaine, ich bin unchuldig!... Ich have gesch-
narreht...

TAVERNIER.

Réponds en français!... ou je t'étrangle!...

LANDREMOL, effrayé.

Saprelotte!...

TAVERNIER.

Quelqu'un est entré dans cette chambre?

LANDREMOL, d'une voix tremblante.

La bonne... oui... mon capitaine... Elle a apporté de la
limonade... même que, sous vot' respect...

TAVERNIER, le prenant au collet et le secouant.

Après?...

LANDREMOL.

Après!

TAVERNIER.

Il est venu une autre personne?...

LANDREMOL, hésitant.

Capitaine...

TAVERNIER.

Ma femme?...

LANDREMOL.

Oui... mon capitaine.

TAVERNIER, furieux.

Oui?...

LANDREMOL.

Mais j'ai ronflé, mon supérieur... Oh! je vous jure que j'ai ronflé!...

TAVERNIER.

Tu n'as pas ronflé tout le temps?

LANDREMOL.

Tout le temps... si!... non, mon supérieur.

TAVERNIER.

Ah!... Et ensuite?

LANDREMOL.

D'abord, v'là qu'elle m' prenait pour un baron...

TAVERNIER.

Le baron?... (Il le lâche, Landremol tombe et se ramasse vivement. Tavernier passe à gauche, revenant sur Landremol.) Après?

LANDREMOL.

Après? Elle m'a dit d' filer... mais moi, j'y ai dit : « J' suis Landremol!... » Alors, ça l'a calmée... elle m'a gardé auprès d'elle... dans sa société... oh! nous avons bien ri!

TAVERNIER, le saisissant à la gorge.

Ah! gredin!...

LANDREMOL, tombant à genoux.

Pardon, mon capitaine, je suis coupable!

TAVERNIER.

Malheureux!...

SCÈNE XII

LES MÊMES, IRMA *.

IRMA, qui depuis un instant a entr'ouvert sa porte.

Le seul coupable, c'est vous, M. Tavernier!...

TAVERNIER.

Moi?

IRMA, montrant la lettre.

Tenez!... et rougissez!

* Irma, Tavernier, Landremol.

TAVERNIER, stupéfait

La lettre de Florentine ! Ah ! brigand de Socrate, va !

IRMA, avec dépit.

Une ancienne passion !...

TAVERNIER.

Mise à la réforme.

IRMA.

Je ne vous crois plus !

TAVERNIER.

Pardonne-moi !...

IRMA.

Jamais ! jamais !...

TAVERNIER, à Landremol.

Ah ! gredin !... c'est ta faute... Tu me le paieras !...

LANDREMOL.

Moi ?...

TAVERNIER.

Tu n'as pas ronflé ! Trois mois de salle de police !

LANDREMOL.

Oh ! mon capitaine !...

TAVERNIER.

Tu raisonnes ?... six mois !

LANDREMOL.

Six mois !...

TAVERNIER.

Encore ?... je te fais fusiller !...

LANDREMOL, pleurant très-fort.

Fusiller !... ô ma mère ! ma mère !

IRMA, à son mari.

Mais vous êtes fou !

TAVERNIER.

La discipline, madame !...

LANDREMOL, sanglotant.

Mais puisque j'ai ronflé !...

TAVERNIER.

Si ma femme me pardonne, je te pardonne... Ainsi, arrange-toi, ça ne me regarde plus ! (Montrant Irma.) Adresse-toi au colonel !

Il fait passer Irma près de Landremol.

LANDREMOL.

Oh ! ma commandante, sauvez-moi l'existence !... (Tombant

à ses genoux.) Pardonnez à mon capitaine!... Il ne jouera plus
aux dominos!...

IRMA, à son mari.

Eh bien! à cause de ce garçon, je vous pardonne. Mais,
si tu recommences...

TAVERNIER, l'embrassant.

Jamais!... oh! ma petite femme!... (A part.) Décidément,
il n'y a que les brunes !

LANDREMOL, se relevant.

Merci, ma commandante... je suis bien content!... (Chan-
geant de ton et poussant un cri.) Oh!

TAVERNIER.

Quoi?... qu'est-ce que tu as?

LANDREMOL.

Rien, mon supérieur. (A part.) C'est égal, je suis fâché
d'avoir bu la limonade!

TAVERNIER.

AIR de la Valse (scène VIII)

La paix renaît dans mon ménage
Et j'en suis quitte pour la peur.

IRMA au public,

Puisse, Messieurs, vot' suffrage
Dissiper, ce soir, ma frayeur!

LANDREMOL, parlé, pendant que l'air continue piano.

Pardon, messieurs et la compagnie... Le capitaine a dit :
« La consigne est de ronfler, » mais ceci ne regarde que
moi... Ça ne concerne pas l'assemblée ci-présente... Pour
lors, j'espère que si j'entends ronfler, ça ne sera que vos
bravos. — C'est convenu?— Ia!—Vous êtes bien gentils!...

REPRISE DE L'AIR.

Prouvez-nous que vous êt's contents
Par vos bravos les plus ronflants!

ENSEMBLE.

Tra la ou ou, tra la ou ou la!

FIN

IMPRIMERIE L. TOINON ET Cᵉ, A SAINT-GERMAIN.

9 782329 654782